# 卵・乳製品がいらない

# パウンドケーキと
# タルト、キッシュ

今井ようこ

河出書房新社

## はじめに

本書では、卵・乳製品がいらない
パウンドケーキやケーク・サレ、タルト、
そしてキッシュのレシピをご紹介します。

一般的に、パウンドケーキやタルト、キッシュを作るには、
卵や乳製品は欠かせない食材のはず。
それなしで、おいしく作れるの？　と
疑問に思う方もいらっしゃるかもしれませんね。

ご安心を。レシピを考案するのは、卵・乳製品なしで
おいしいお菓子や料理を作る人気の料理教室「roof」を主宰し、
著書も多数ある今井ようこさんです。

今井さんが料理教室を始めた当初は、
アレルギー対策のために、
また体への負担が少ないレシピを、と求める方が多かったそう。

それが、今では、
卵や乳製品がいらないからこそ、
泡立ての技術や温度管理、厳密な計量などなくして、
簡単においしく作れる！　ということが知られ、
さらには、食材高騰が続くなか家計にもやさしい！とあって、
より気軽に作る方が一気に増えました。

パウンドケーキや、タルト、キッシュ作りに
初めて挑戦するという方でも、
失敗しない簡単レシピなのも嬉しいポイント。
日々の食卓に、そしておもてなしにも、ぜひ作ってみてください。

# Contents

## Chapter1 パウンドケーキ

*Pound Cake*

*Cake Salé*

## Chapter2 ケーク・サレ

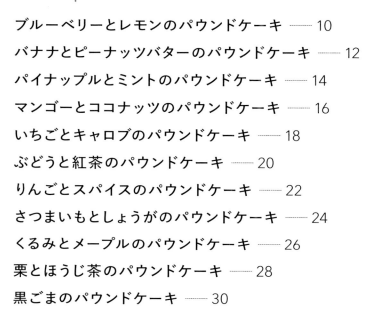

この本のルール
・1㎖＝1cc
・大さじ1＝15㎖、小さじ1＝5㎖
・1カップ＝200㎖
・オーブン使用の場合、電気でもガスでも本書のレシピどおりでOK。ただし、メーカーによって火力は違うので様子をみながら温度は5℃前後、時間は5分前後で調整してください。

# Chapter3 タルト

*Tart*

# Chapter4 キッシュ

*Quiche*

# 本書で使う基本の道具

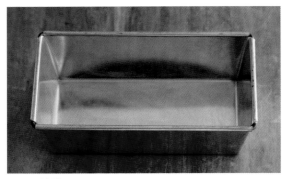

**パウンド型**
本書では、縦15×幅6cmのパウンド型のみを使用。レシピに記載の分量は、すべてこのパウンド型2台分です。

**タルト型**
この本のタルトとキッシュは、直径18cmのタルト型があれば、すべて作ることができます。

**泡立て器**
粉類や液体を混ぜる。液体を混ぜるのに小サイズも用意しておくと便利。

**ゴムべら**
粉類や生地を混ぜる。ペースト状のものをのせるのに、小サイズも用意しておくと便利。

**ボウル**
粉類を混ぜ合わせるもの、液体を混ぜ合わせるものと最低2つは用意しておきましょう。また、混ぜ合わせた粉に液体を加えて、さらに混ぜ合わせるので、大きめのボウルは粉類を混ぜるのに使うといいでしょう。

**ハンドブレンダー**

豆腐クリームなどを作るときに材料を攪拌する道具です。もちろん、据え置きタイプのミキサーやフードプロセッサーでもいいでしょう。泡立て器では、なめらかになりません。

**粉ふるい**
薄力粉をふるうのに使います。粉をふるわないと、生地がダマになってしまい、火の通りにムラができてしまいます。

**電子スケール**
ボウルを上にのせたら0gにセットし、そこへレシピの分量どおりに材料を入れていけば、洗いものが増えずアナログタイプに比べてストレスフリー。より気楽にお菓子作りが楽しめる道具。

**計量スプーン**
調味料やドライフルーツなどを量ります。大さじ、小さじとも必須の道具。

**計量カップ**
液体や豆の分量を計量。液体は、小さい泡立て器を使って計量カップの中で直接混ぜてもOK。

**オーブンペーパー**
パウンド型に敷くオーブンペーパーですが、本書では、無漂白のものを使用しています。

**オーブンの網**
パウンドケーキをオーブンで焼くとき、天板ではなく熱の当たりがいい網のほうを使います。

**ケーキクーラー**
パウンドケーキが焼きあがったら、粗熱をとるあいだ、のせておきます。焼きあがり後、すぐに取り出すとケーキがくずれてしまうこともあるので注意しましょう。

# 本書で使う基本の材料

## 薄力粉

国産の小麦粉を使用。「地粉」とは国産の小麦粉のこと。また「地粉」とだけ書いてあるものは、中力粉のことが多いので、必ず「薄力粉」と書いてあるものを選んで。自然食品店や製菓材料店などで購入可能。

## 全粒薄力粉

国産の全粒薄力粉を使用。全粒薄力粉とは、ふすまなどを含む精製していない小麦粉のことで、玄米の小麦粉版ともいえます。全粒薄力粉だけで作ると、かたくなるので、本書のパウンドケーキのほとんどは、国産の薄力粉と全粒薄力粉を配合。自然食品店や製菓材料店などで購入可能。

## 植物性オイル

パウンドケーキやタルト台には植物性オイルを推奨しているが、本書ではグレープシードオイル、または米油、太白ごま油を使用。どれもサラッとしていて無味無臭でくせがない。好みのものでOK。かろやかに仕上がるのが特徴。

## オリーブオイル

有機JAS認証のエクストラバージンオイルを使用。コクとうまみがあるので、ケーク・サレに使用しています。大手スーパーなどで購入可能。

## 無調整豆乳

いろいろなものが入っている調整豆乳ではなく、無調整の豆乳を使用。大豆固形成分9%以上程度のものが理想。パッケージに「豆腐が作れる」などと書いてある濃厚なものはくせが強すぎるのでお菓子作りには向きません。大手スーパーなどで購入可能。

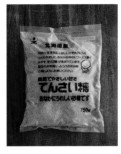

## てんさい糖

砂糖大根から作られた甘味料。整腸作用のあるオリゴ糖を含んでいます。また、血糖値の上昇がゆるやかで、体への負担が少ない。粉末タイプがおすすめ。大手スーパーなどで購入可能。

## 米水飴

米を麦芽で糖化させる、伝統的な製法で作られた貴重な天然の甘味料。吸収がゆるやかで体への負担がかるい甘味料で。自然食品店やネットショップなどで購入可能。手に入らなければはちみつでも代替可。ただし、風味は変わる。

販売元　株式会社ミトク
https://www.mitOKu.co.jp

## メープルシロップ

サトウカエデの樹液を煮詰めて濃縮させた天然甘味料。独特の香りとコクが魅力。血糖値を上げにくくミネラルも豊富でヘルシー。原材料に砂糖などが入っているものではなく、純粋メープルシロップを使用してください。大手スーパーなどで購入可能。

## ベーキングパウダー

本書では、アルミニウム不使用の「ラムフォード・ベーキングパウダー」を使用しています。パッケージに「アルミニウムフリー」とあるものを選ぶこと。原材料にアルミニウムと書かれていなくても、パッケージにアルミニウムフリーという表示がなければ、必ず入っています。自然食品店や製菓材料店などで購入可能。

## ナッツ類

ナッツ類やドライフルーツは、できたら有機栽培のものを使用しましょう。酸化防止剤などにも注意。一般的なレーズンを使う場合はオイルコーティングされているのでぬるま湯でサッと洗いましょう。

# Chapter**1**

# パウンドケーキ

「パウンドケーキ」とは、本来、バター、卵、砂糖、小麦粉を
同量ずつ使って焼き上げる、どっしりとしたバターケーキですが、
本書では、卵、乳製品がいらないレシピをご紹介します。
バターのかわりに、植物性オイルやごま油を使っています。
使う量はパウンド型1台につき、どれも大さじ2程度。
ひと切れにすればほんのわずかです。


粉は薄力粉と全粒薄力粉を半量ずつの配合。
好みで薄力粉100％、または全粒薄力粉100％で作ることもできますし、
好みで割合を変えることもできます。
ただし、ふくらみや食感はかわります。
薄力粉が多いほどかるく、全粒薄力粉が多いほどどっしりした食感になります。


本章のパウンドケーキは、基本的に材料を混ぜて焼くだけなので、
難しいコツはいりませんが、注意するとしたら
粉類と液体を混ぜ合わせたら途中で手を止めないこと。
また、混ぜ方もこねるのではなく、ゴムべらで切るように混ぜましょう。
そして生地を一気に混ぜ、すぐ型に移して火を入れないとふくらみが悪くなります。
基本的には、粉っぽさがなくなったら型に入れてOKです。


＼ 保存方法 ／

夏はラップで包み冷蔵庫で5日間、春・秋・冬は涼し
い場所で3日間保存できます。食べるときは食べやす
い大きさに切り、180℃に予熱したオーブンで2～3
分温め直せばOKです。

# ブルーベリーとレモンの
# パウンドケーキ

## 材料　15×6cmのパウンド型2台分

**A**　薄力粉 ―― 100g
　　全粒薄力粉 ―― 100g
　　アーモンドプードル ―― 60g
　　ベーキングパウダー ―― 小さじ2
　　塩 ―― ひとつまみ
**B**　メープルシロップ ―― 大さじ6
　　植物性オイル ―― 大さじ4
　　無調整豆乳 ―― 100㎖
　　レモン果汁 ―― 大さじ2

レモンの皮のせん切り（またはすりおろし）
　―― 1個分
ブルーベリー（冷凍または生）―― 80g

[クランブル]
**C**　薄力粉 ―― 20g
　　全粒薄力粉 ―― 20g
　　アーモンドプードル ―― 20g
　　てんさい糖 ―― 20g
植物性オイル ―― 大さじ2

有機冷凍ブルーベリー

ブルーベリーは冷凍でも生でもOK。ここでは、有機の冷凍ブルーベリーを使いました。

## 下準備
・オーブンを180℃に予熱する。
・型にオーブンペーパーを敷く（P.44）。
・薄力粉と全粒薄力粉をふるう。

## 作り方

### ▶クランブルを作る

**1** ボウルに**C**を入れて手でよく混ぜ合わせる。

**2** **1**にオイルを回し入れる。

**3** 指先で粉とオイルをすり合わせる。

### ▶生地を作る

**4** そぼろ状になったらOK。粉っぽかったらオイルを少々（分量外）加える。

**5** ボウルに**A**を入れ、泡立て器で混ぜ合わせる。

**6** 別のボウルに**B**を入れ、乳化するまで泡立て器でよく混ぜ合わせる。

口溶けのよいさくほろのクランブルと
フレッシュなブルーベリーの食感が楽しい
パウンドケーキです。
たっぷりのレモンの皮と果汁を
生地に混ぜ込んで、爽快感のある味に！

**7** 5のボウルに6を入れ、ゴムべらで
さっくりと、生地をきるように混ぜ
合わせる。

**8** まだ粉っぽさが残っている状態のと
きに、ブルーベリー半量とレモンの
皮のせん切り全量を加えて混ぜ合
わせる。

混ぜるときに、生地を下か
ら上に返すようにして混ぜる。
生地を練らないように注意。

**9** 型に8を入れ、残りのブルーベリー
を表面に散らす。

**10** 4のクランブルを9の上に敷き詰め
る。180℃に予熱しておいたオーブ
ンで30～40分焼く。

\ Memo /

・アーモンドプードルを入れる
ことでしっとりと、そしてリッチ
な生地に仕上がります。

・レモンはできれば国産で無
農薬のものを使ってください。

竹串をさして生地がついてこなかったらOK。まだ生っぽい場合は、
様子をみながら、さらに数分焼く。焼きあがったら、オーブンペーパー
ごと型から取り出し、ケーキクーラーの上で粗熱をとる。

11

# バナナとピーナッツバターの
# パウンドケーキ

## 材料 　15×6cmのパウンド型2台分

A | 薄力粉 ─ 100g
　　全粒薄力粉 ─ 100g
　　アーモンドプードル ─ 60g
　　オートミール ─ 30g
　　ベーキングパウダー ─ 小さじ2
　　塩 ─ ひとつまみ
B | メープルシロップ ─ 大さじ6
　　植物性オイル ─ 大さじ4
　　無調整豆乳 ─ 100ml
C | ピーナッツバター（無糖） ─ 大さじ5
　　米水飴 ─ 大さじ2
　　※はちみつでも代替可。
　　メープルシロップ ─ 大さじ1
　　無調整豆乳 ─ 大さじ2
バナナ ─ 150g（3mm厚さの斜め切りに）
オートミール（飾り用） ─ 適量

## 下準備

・オーブンを180℃に予熱する。
・型にオーブンペーパーを敷く（P.44）。
・薄力粉と全粒薄力粉をふるう。

## 作り方

1　ボウルに**A**を入れ、泡立て器でよく混ぜ合わせる。

2　別のボウルに**B**を入れ、乳化するまで泡立て器でよく混ぜ合わせる。

3　**C**を混ぜ合わせる。

4　**1**のボウルに**2**を入れ、ゴムべらでさっくりと、生地をきるように混ぜ合わせる。バナナ全量と**3**の1/3量を加えて、サッと混ぜる（**a**）。

5　型に**4**を入れ、残りの**3**を表面全体にのせ（**b**）、飾り用のオートミールを散らす（**c**）。

6　180℃に予熱しておいたオーブンで**5**を30 〜 40分焼く。

竹串をさして生地がついてこなかったらOK。まだ生っぽい場合は、様子をみながら、さらに数分焼く。焼きあがったらオーブンペーパーごと型から取り出し、ケーキクーラーの上で粗熱をとる。

a

b

c

\ Memo /

オートミールがなければ、入れずに作ることもできます。

バナナとピーナッツという、まちがいなくおいしい！ 王道の組み合わせです。オートミールを加えることで、味わいと食感にリズムを出しています。

# パイナップルとミントの
# パウンドケーキ

## 材料 15×6cmのパウンド型 2台分

**A** 薄力粉 —— 100g

全粒薄力粉 —— 100g

アーモンドプードル —— 60g

ベーキングパウダー —— 小さじ2

塩 —— ひとつまみ

**B** メープルシロップ —— 大さじ6

植物性オイル —— 大さじ4

無調整豆乳 —— 100ml

ミント（生）—— 20g（粗みじん切に）

パイナップル（生）—— 200g（1.5cm角に切る）

## 下準備

・オーブンを180℃に予熱する。

・型にオーブンペーパーを敷く（P.44）。

・パイナップルをペーパータオルの上に並べて
　水けをとる。

・薄力粉と全粒薄力粉をふるう。

## 作り方

1 ボウルに **A** を入れ、泡立て器でよく混ぜ合わせる。

2 別のボウルに **B** を入れ、乳化するまで泡立て器
　でよく混ぜ合わせる。

3 **1** のボウルに **2** を入れ、ゴムべらでさっくりと、
　生地をきるように混ぜ合わせる。ミントとパイナッ
　プルを加えて、サッと混ぜる（飾り用のパイナッ
　プルを少し取り分けておく）。

4 型に **3** を入れ、飾り用のパイナップルをのせる。

5 180℃に予熱しておいたオーブンで **4** を30 ～ 40
　分焼く。

竹串をさして生地がついてこなかったらOK。まだ
生っぽい場合は、様子をみながら、さらに数分焼く。
焼きあがったら、オーブンペーパーごと型から取り出
し、ケーキクーラーの上で粗熱をとる。

## \ Memo /

ミントは大きいまま入れると生地に味がなじまないので、
必ず刻んでから入れましょう。

パイナップルの甘みに
ミントの爽やかさが合わさって、
夏らしい味わいに。
アーモンドプードルをたっぷり入れて
しっとりした生地にしました。

# マンゴーとココナッツのパウンドケーキ

**材料** 15×6㎝のパウンド型2台分

**A** 薄力粉 ── 100g
全粒薄力粉 ── 100g
アーモンドプードル ── 60g
ベーキングパウダー ── 小さじ2
塩 ── ひとつまみ

**B** メープルシロップ ── 大さじ6
植物性オイル ── 大さじ4
無調整豆乳 ── 80㎖
ココナッツミルク ── 50㎖

**C** ココナッツファイン ── 40g
米水飴 ── 大さじ1
※メープルシロップでも代替可。

マンゴー（生）── 2個（正味250g。1.5㎝角に切る）
ココナッツパウダー ── 40g

\ Memo /

余ったココナッツミルクは、冷凍庫で約1カ月保存できます。

## 下準備

・オーブンを180℃に予熱する。
・型にオーブンペーパーを敷く（P.44）。
・マンゴーをペーパータオルの上に並べて水けをとる。
・薄力粉と全粒薄力粉をふるう。

## 作り方

1 ボウルに**A**を入れ、泡立て器でよく混ぜ合わせる。

2 別のボウルに**B**を入れ、乳化するまで泡立て器でよく混ぜ合わせる。

3 **C**を混ぜ合わせておく。

4 **1**のボウルに**2**を入れ、ゴムべらでさっくりと、生地をきるように混ぜ合わせる。マンゴーとココナッツパウダーを加えて、サッと混ぜ合わせる。

5 型に**4**を入れ、**3**を表面全体にのせる。

6 180℃に予熱しておいたオーブンで**5**を30〜40分焼く。

竹串をさして生地がついてこなかったらOK。まだ生っぽい場合は、様子をみながら、さらに数分焼く。焼きあがったら、オーブンペーパーごと型から取り出し、ケーキクーラーの上で粗熱をとる。

ジューシーなマンゴーに、
ココナッツパウダーとココナッツミルクを
たっぷり使ったトロピカルな味。
真夏の贅沢なケーキです。

# いちごとキャロブのパウンドケーキ

## 材料 15×6cmのパウンド型2台分

**A**
薄力粉 ── 120g
全粒薄力粉 ── 120g
アーモンドプードル ── 50g
てんさい糖 ── 20g
ベーキングパウダー ── 小さじ2
塩 ── ひとつまみ

**B**
メープルシロップ ── 80㎖
植物性オイル ── 80㎖
無調整豆乳 ── 80㎖

いちご ── 200g（縦4等分に切る）
キャロブチップス ── 60g
※チョコチップでも代替可。
いちご（飾り用）── 5～6粒（半分に切る）

[クランブル]
薄力粉 ── 20g
全粒薄力粉 ── 20g
アーモンドプードル ── 20g
てんさい糖 ── 20g
植物性オイル ── 大さじ2

**キャロブチップス**

いなご豆の粉に、油脂を加えて焼いたもので、マクロビオティックでチョコレートの代用として使われることが多い。キャロブはカカオに比べて脂質が少なく、カルシウムや食物繊維を豊富に含んでいる。

## 下準備

・オーブンを180℃に予熱する。
・型にオーブンペーパーを敷く（P.44）。
・薄力粉と全粒薄力粉をふるう。

## 作り方

1 クランブルを作る。ボウルにクランブルの材料を入れ指先ですり合わせ、そぼろ状にする（P10の1～4参照）。

2 ボウルに**A**を入れ、泡立て器でよく混ぜ合わせる。

3 別のボウルに**B**を入れ、乳化するまで泡立て器でよく混ぜ合わせる。

4 **2**のボウルに**3**を入れ、ゴムべらでさっくりと、生地をきるように混ぜ合わせる。いちごとキャロブチップスを加え、さっくりと混ぜる。

5 型に**4**を流し入れて飾り用のいちごをのせる。**1**のクランブルを表面全体にのせる。

6 180℃に予熱しておいたオーブンで**5**を30～40分程度焼く。

> 竹串をさして生地がついてこなかったらOK。まだ生っぽい場合は、様子をみながら、さらに数分焼く。焼きあがったら、オーブンペーパーごと型から取り出し、ケーキクーラーの上で粗熱をとる。

驚くほどたくさんの
いちごを入れるケーキ。
チョコ風味のキャロブチップスとの
相性が抜群です。

19

# ぶどうと紅茶のパウンドケーキ

**材料** 15×6cmのパウンド型2台分

A| 薄力粉 ── 100g
| 全粒薄力粉 ── 100g
| アーモンドプードル ── 60g
| ベーキングパウダー ── 小さじ2
| 紅茶の茶葉（アールグレー）── 大さじ2（すり鉢で細かくする）
| 塩 ── ひとつまみ

B| メープルシロップ ── 大さじ6
| 植物性オイル ── 大さじ4
| 無調整豆乳 ── 100ml

ぶどう（レッドグローブとマスカット）── 合わせて200g（半分に切り、種は除く）
ぶどう（レッドグローブとマスカット・飾り用）── 合わせて6〜7粒（半分に切り、種は除く）
紅茶の茶葉（アールグレー・飾り用）── 適量

## 下準備

・オーブンを180℃に予熱する。
・型にオーブンペーパーを敷く（P.44）。
・薄力粉と全粒薄力粉をふるう。

\ Memo /

・2種類のぶどうで彩りましたが、1種類だけでももちろんOK。

・ぶどうをレシピの分量より多く入れると、生地がふくらみにくくなるので注意してください。

・生地全体に香りと味をなじませるためにも、生地に入れる紅茶の茶葉は、必ずすり鉢で細かくすること。

## 作り方

**1** ボウルに**A**を入れ、泡立て器でよく混ぜ合わせる。

**2** 別のボウルに**B**を入れ、乳化するまで泡立て器でよく混ぜ合わせる。

**3** **1**のボウルに**2**を入れ、ゴムべらでさっくりと、生地をきるように混ぜ合わせる。ぶどうを入れてサッと混ぜる。

**4** 型に**3**を流し入れ、飾り用のぶどうをのせ、最後に飾り用の茶葉を散らす。

**5** 180℃に予熱しておいたオーブンで40分程度焼く。

竹串をさして生地がついてこなかったらOK。まだ生っぽい場合は、様子をみながら、さらに数分焼く。焼きあがったら、オーブンペーパーごと型から取り出し、ケーキクーラーの上で粗熱をとる。

夏の終わりから秋にかけて楽しんでほしい、
2種類のぶどうを使った、
味わいも見た目も華やかなケーキです。
アールグレーとぶどうがよく合います。

# りんごとスパイスのパウンドケーキ

**材料** 15×6cmのパウンド型2台分

A | 全粒薄力粉 —— 180g
  | ココア —— 40g
  | アーモンドプードル —— 80g
  | ベーキングパウダー —— 小さじ2
  | てんさい糖 —— 15g
  | シナモンパウダー —— 小さじ2
  | ナツメグパウダー —— 小さじ1/2
  | ジンジャーパウダー —— 小さじ1/2
  | クローブパウダー —— 小さじ1/4
  | 塩 —— ひとつまみ

B | 無調整豆乳 —— 120ml
  | 植物性オイル —— 大さじ4

りんご —— 1と1/2個（1cm厚さのいちょう切りに）
レーズン —— 50g

## 下準備

・オーブンを180℃に予熱する。
・型にオーブンペーパーを敷く（P.44）。
・全粒薄力粉をふるう。

## 作り方

**1** ボウルにAを入れ、泡立て器でよく混ぜ合わせる。

**2** 別のボウルにBを入れ、乳化するまで泡立て器でよく混ぜ合わせる。

**3** 1のボウルに2を入れ、ゴムべらでさっくりと、生地をきるように混ぜ合わせる。りんごとレーズンを加えてサッと混ぜ合わせる。

**4** 型に3を流し入れ、180℃に予熱しておいたオーブンで40分程度焼く。

> 竹串をさして生地がついてこなかったらOK。まだ生っぽい場合は、様子をみながら、さらに数分焼く。焼きあがったら、オーブンペーパーごと型から取り出し、ケーキクーラーの上で粗熱をとる。

**こんなアレンジも！**

・ココアをぬいて、プレーンな生地で作ってもいいでしょう。

・温めてアイスクリームを添えてもおいしい。

クリスマスシーズンの
ケーキの味をイメージした、
スパイシーなりんごのケーキ。
この本の中でも
かなり簡単なレシピです。

23

# さつまいもとしょうがのパウンドケーキ

## 材料　15×6cmのパウンド型 2台分

**A** 薄力粉 ── 100g
　　全粒薄力粉 ── 100g
　　アーモンドプードル ── 60g
　　てんさい糖 ── 30g
　　ベーキングパウダー ── 小さじ2
　　塩 ── ひとつまみ

**B** メープルシロップ ── 大さじ6
　　植物性オイル ── 大さじ4
　　無調整豆乳 ── 100ml

**C** 無調整豆乳 ── 大さじ2
　　植物性オイル ── 大さじ2
　　しょうがのしぼり汁 ── 大さじ2

さつまいも ── 200g
紫いも ── 100g
しょうがのみじん切り ── 20g

[クランブル]
　　薄力粉 ── 20g
　　全粒薄力粉 ── 20g
　　アーモンドプードル ── 20g
　　てんさい糖 ── 20g
　　しょうがのすりおろし ── 小さじ2
　　植物性オイル ── 大さじ1

## 下準備

・オーブンを180℃に予熱する。
・型にオーブンペーパーを敷く（P.44）。
・薄力粉と全粒薄力粉をふるう。

## 作り方

**1** さつまいもと紫いもは、皮つきのまま蒸すか、アルミ箔に包んで180℃に予熱しておいてたオーブンで焼く。火を入れる時間の目安は、竹串がスッと通るくらいやわらかくなるまで。

**2** **1**の紫いもは皮をむいて1cm角に切り、トッピング用に15個ほど取り分けておく。さつまいもは皮をむいて、すぐにボウルに入れ、フォークでペースト状になるまでつぶし、**C**を加えて混ぜ合わせる（**a**）。

**3** クランブルを作る。ボウルにクランブルの材料を入れ、指先でつまむようにしてすり合わせ、そぼろ状にする（P10の**1**～**4**参照）。

**4** ボウルに**A**を入れ、泡立て器でよく混ぜ合わせる。

**5** 別のボウルに**B**を入れ、乳化するまで泡立て器でよく混ぜ合わせる。

**6** **4**のボウルに**5**を入れ、ゴムべらでさっくりと、生地をきるように混ぜ合わせる。**2**の紫いもとしょうがのみじん切りを加えて、混ぜ合わせる。

**7** 型に**6**の半量を入れ、**2**のさつまいもペーストを入れる（**b**）。残りの生地を入れ、トッピング用の紫いもをのせ（**c**）、**3**のクランブルを表面全体にのせる。

**8** 180℃に予熱しておいたオーブンで**7**を30分焼く。

竹串をさして生地がついてこなかったらOK。まだ生っぽい場合は、様子をみながら、さらに数分焼く。焼きあがったら、オーブンペーパーごと型から取り出し、ケーキクーラーの上で粗熱をとる。

a

b

c

\ Memo /

・見た目と味の華やかさを出すために2種類のさつまいもを使いましたが、1種類でもおいしく作れます。

中からスイートポテトが出てくるような
このケーキは、お教室でも大人気。
しょうがをたっぷり入れて
スパイシーに仕上げることがポイント。

25

# くるみとメープルのパウンドケーキ

## 材料　15×6cmのパウンド型 2台分

**A** | 薄力粉 ─── 150g
　　　全粒薄力粉 ─── 50g
　　　アーモンドプードル ─── 60g
　　　ベーキングパウダー ─── 小さじ2
　　　メープルシュガー ─── 30g
　　　塩 ─── ひとつまみ

**B** | 無調整豆乳 ─── 180ml
　　　メープルシロップ ─── 大さじ6
　　　植物性オイル ─── 大さじ4

**C** | メープルシュガー ─── 100g
　　　水 ─── 50ml

くるみ ─── 100g

[クランブル]

**D** | 薄力粉 ─── 20g
　　　全粒薄力粉 ─── 20g
　　　アーモンドプードル ─── 20g
　　　メープルシュガー ─── 20g
　　　植物性オイル ─── 大さじ2

## 下準備

・オーブンを180℃に予熱する。
・天板にオーブンペーパーを敷く。
・型にオーブンペーパーを敷く（P.44）。
・薄力粉と全粒薄力粉をふるう。

## 作り方

1. **C**を小鍋に入れ、沸騰したら1分程度煮詰める（**a**）。

2. **1**が熱いうちにくるみを入れてからめる（**b**）。すぐに天板に敷いたオーブンペーパーの上に、小鍋のくるみだけを取り出して、広げる（**c**、**d**）。小鍋に残ったキャラメルは別容器に入れ（**e**）、ときどきかき混ぜながら冷まます。

3. クランブルを作る。材料をボウルに入れ指先ですり合わせ、そぼろ状にする（P10の**1**～**4**参照）。

4. ボウルに**A**を入れ、泡立て器でよく混ぜ合わせる。

5. 別のボウルに**B**を入れ、乳化するまで泡立て器でよく混ぜ合わせる。

6. **4**のボウルに**5**を入れ、ゴムべらでさっくりと、生地をきるように混ぜ合わせる。**2**のくるみを加え、サッと混ぜ合わせる。

7. 型に**6**を入れ、**2**で別容器に入れたキャラメルを上からかける。表面全体に**3**のクランブルをのせる。

8. 180℃に予熱しておいたオーブンで**7**を30～40分焼く。

竹串をさして生地がついてこなかったらOK。まだ生っぽい場合は、様子をみながら、さらに数分焼く。焼きあがったら、オーブンペーパーごと型から取り出し、ケーキクーラーの上で粗熱をとる。

\ Memo /

メープルシュガーをてんさい糖にかえて作ることもできますが、風味はかわります。

**a**　**b**　**c**　**d**　**e**

メープルシュガーとキャラメリゼしたくるみを
たっぷり使った、とてもリッチなケーキ。
メープルとくるみの濃厚でビターな香りは、
ちょっと大人の味わいです。

# 栗とほうじ茶のパウンドケーキ

**材料** 15×6cmのパウンド型2台分

**A** 薄力粉 —— 100g
全粒薄力粉 —— 100g
アーモンドプードル —— 60g
てんさい糖 —— 20g
ベーキングパウダー —— 小さじ2
塩 —— ひとつまみ

**B** メープルシロップ —— 大さじ6
植物性オイル —— 大さじ4
無調整豆乳 —— 100㎖
濃く煮出したほうじ茶 —— 20㎖（茶葉大さじ2を湯50㎖で煮出したもの）

甘栗 —— 200g（半分に割る）
ほうじ茶の茶葉 —— 大さじ3（すり鉢で細かくする）

## 下準備

・オーブンを180℃に予熱する。
・型にオーブンペーパーを敷く (P.44)。
・薄力粉と全粒薄力粉をふるう。

## 作り方

1 ボウルに**A**を入れ、泡立て器でよく混ぜ合わせる。

2 別のボウルに**B**を入れ、乳化するまで泡立て器でよく混ぜ合わせる。

3 **1**のボウルに**2**を入れ、ゴムべらでさっくりと、生地をきるように混ぜ合わせる。甘栗、ほうじ茶の茶葉を加えて混ぜ合わせる。

4 型に**3**を流し入れる（栗は焼くとかたくなるので、表面に栗が出ないよう、中に押し込むこと）。180℃に予熱しておいたオーブンで40分程度焼く。

竹串をさして生地がついてこなかったらOK。まだ生っぽい場合は、様子をみながら、さらに数分焼く。焼きあがったら、オーブンペーパーごと型から取り出し、ケーキクーラーの上で粗熱をとる。

\ Memo /

生地に味をなじませるために、ほうじ茶の茶葉は必ずすり鉢で細かくすること。

おまんじゅうを作っていて思いついたレシピです。
栗の甘みとほうじ茶の香りを
しみじみ味わってほしい秋のパウンドケーキ。

# 黒ごまのパウンドケーキ

## 材料　15×6cmのパウンド型 2台分

A｜薄力粉 —— 100g
　｜全粒薄力粉 —— 100g
　｜アーモンドプードル —— 60g
　｜ベーキングパウダー —— 小さじ2
　｜黒ごま —— 大さじ1
　｜塩 —— ひとつまみ
B｜メープルシロップ —— 大さじ6
　｜ごま油 —— 大さじ4
　｜無調整豆乳 —— 100㎖
黒練りごま —— 大さじ1

［クランブル］
　薄力粉 —— 20g
　全粒薄力粉 —— 20g
　アーモンドプードル —— 20g
　てんさい糖 —— 20g
　黒ごま —— 小さじ2
　ごま油 —— 大さじ2

a

b

c

## 下準備

・オーブンを180℃に予熱する。
・型にオーブンペーパーを敷く（P.44）。
・薄力粉と全粒薄力粉をふるう。

## 作り方

1　クランブルを作る。クランブルの材料をボウルに入れ指先ですり合わせ、そぼろ状にする（P10の**1**〜**4**参照）。

2　ボウルに**A**を入れ、泡立て器でよく混ぜ合わせる。

3　別のボウルに**B**を入れ、乳化するまで泡立て器でよく混ぜ合わせる。

4　**2**のボウルに**3**を入れ、ゴムべらでさっくりと、生地をきるように混ぜ合わせる。

5　**4**の生地を半分に分ける。片方に黒練りごまを入れて混ぜ合わせる。

6　**5**のプレーンな方の生地に黒ごま生地を加え（**a**）、ゴムべらで3〜4回ほど大きく混ぜ合わせる（**b**）。ここで混ぜすぎると、型に移すときさらに混ぜることになり、生地がマーブル状にならないので注意。

7　型に**6**を入れ、**1**のクランブルを表面全体にのせる（**c**）。

8　180℃に予熱しておいたオーブンで**7**を30分焼く。

> 竹串をさして生地がついてこなかったらOK。まだ生っぽい場合は、様子をみながら、さらに数分焼く。焼きあがったら、オーブンペーパーごと型から取り出し、ケーキクーラーの上で粗熱をとる。

\ Memo /

**冷めると少々かたくなるので、余ったパウンドケーキは、温め直してから食べるとおいしい。**

濃厚な黒練りごまに、
ごま油をさらに加えているところが
おいしさのポイント。
ごま味のお菓子が好きな人には
たまらない風味です。

# Chapter**2**

# ケーク・サレ

「ケーク・サレ」とは、フランス発祥の、甘くないケーキです。
本書ではバターのかわりに、オリーブオイルを主に使っていますが、
使う量はパウンド型1台につき、どれも大さじ2程度です。

粉は薄力粉と全粒薄力粉を半量ずつの配合にしていますが、
好みで薄力粉100%、または全粒薄力粉100%で作ることもできます。
ただし、ふくらみや食感はかわります。

本書のケーク・サレは難しいコツはいりませんが、
あえて注意するとしたら、粉類と液体を混ぜ合わせたら途中で手を止めないこと。
そして、こねないように、ゴムべらで切るように混ぜましょう。
生地を一気に混ぜ、すぐ型に移して火を入れないとふくらみが悪くなります。
基本的には、粉っぽさがなくなったら型に入れてOKです。

野菜や豆、ナッツ類、ハーブなど体にいい食材をたっぷり使っているのもポイントです。

＼ 保存方法 ／

夏はラップで包み冷蔵庫で5日間、春・秋・冬は涼し
い場所で3日間保存できます。食べるときは食べやす
い大きさに切り、180℃に予熱したオーブンで2〜3
分温め直せばOKです。

玉ねぎとナッツのケーク・サレ

# 玉ねぎとナッツの
# ケーク・サレ

材料　15×6cmのパウンド型 2台分

A | 薄力粉 ── 80g
　　全粒薄力粉 ── 80g
　　アーモンドプードル ── 60g
　　コーンミール ── 70g
　　ベーキングパウダー ── 小さじ2
　　塩 ── 小さじ2/3

B | メープルシロップ ── 大さじ4
　　オリーブオイル ── 大さじ4
　　無調整豆乳 ── 100mℓ

玉ねぎ ── 300g（5mm厚さの薄切りに）
オリーブオイル ── 大さじ1
塩 ── 少々
アーモンド ── 50g（粗く刻む）
ピスタチオ ── 30g（粗く刻む）

下準備 | ・オーブンを180℃に予熱する。
　　　　・型にオーブンペーパーを敷く（P.44）。
　　　　・薄力粉と全粒薄力粉をふるう。

作り方

**1** フライパンにオリーブオイルを熱し、弱めの中火で玉ねぎがしんなりするまで炒め、塩をふる（しっかり炒めて玉ねぎの甘みを引き出すことがおいしさの秘密）。

**2** ボウルに**A**を入れ、よく混ぜ合わせる。

**3** 別のボウルに**B**を入れ、乳化するまで泡立て器でよく混ぜ合わせる。

じっくり炒めた玉ねぎの甘みと
コーンミールのぷちぷちした食感が楽しめます。
香ばしいナッツで、ワンランク上のおいしさに！

**4**

**2**のボウルに**3**を入れ、ゴムべらで
さっくりと、生地をきるように混ぜ
合わせる。

**5**

**4**に**1**の玉ねぎとアーモンド、ピス
タチオを加えて混ぜ合わせる。

**6**

型に**5**を入れる。

**7** 180℃に予熱しておいたオーブ
ンで**6**を40分焼く。

竹串をさして生地がついてこなかったらOK。まだ生っぽい場合は、
様子をみながら、さらに数分焼く。焼きあがったら、オーブンペーパー
ごと型から取り出し、ケーキクーラーの上で粗熱をとる。

# きのことくるみの
# ケーク・サレ

## 材料　15×6cmのパウンド型2台分

**A** 薄力粉 —— 100g
　 全粒薄力粉 —— 100g
　 アーモンドプードル —— 60g
　 ベーキングパウダー —— 小さじ2
　 塩 —— 小さじ2/3

**B** メープルシロップ —— 大さじ4
　 オリーブオイル —— 大さじ4
　 無調整豆乳 —— 100ml
　 麦みそ（なければ好みのみそ）—— 大さじ2

好みのきのこ（マッシュルーム、エリンギ、
　 しめじなど）—— 合わせて200g
塩 —— 少々
オリーブオイル —— 小さじ1
くるみ —— 60g（粗く刻む）
ミニトマト —— 4個（縦4つ割りにする）

## 下準備

・オーブンを180℃に予熱する。
・型にオーブンペーパーを敷く（P.44）。
・薄力粉と全粒薄力粉をふるう。

## 作り方

1　きのこ類は5mm角に切り、塩をふり、かるくもむ。熱したフライパンにオリーブオイルを入れ、弱めの中火で、きのこがしんなりするまで静かに炒める。

2　ボウルに**A**を入れ、泡立て器でよく混ぜ合わせる。

3　別のボウルに**B**を入れ、乳化するまで泡立て器でよく混ぜ合わせる。

4　**2**のボウルに**3**を入れ、ゴムべらでさっくりと、生地をきるように混ぜ合わせる。**1**のきのこ、くるみを加えてサッと混ぜる。

5　型に**4**を入れ、ミニトマトをのせる。ミニトマトにオリーブオイル少々（分量外）をかける。

6　180℃に予熱しておいたオーブンで**5**を40分焼く。

竹串をさして生地がついてこなかったらOK。まだ生っぽい場合は、様子をみながら、さらに数分焼く。焼きあがったらオーブンペーパーごと型から取り出し、ケーキクーラーの上で粗熱をとる。

たっぷりのきのこを炒めて、うまみを出したケーク・サレ。
お惣菜ケーキは食感が単調だと飽きてしまうので、
くるみを入れたところもポイント。

# ドライトマトとレンズ豆の
# ケーク・サレ

## 材料 15×6cmのパウンド型2台分

A | 薄力粉 —— 100g
　　全粒薄力粉 —— 100g
　　アーモンドプードル —— 60g
　　オートミール —— 30g
　　ベーキングパウダー —— 小さじ2
　　塩 —— 小さじ2/3
B | メープルシロップ —— 大さじ4
　　オリーブオイル —— 大さじ4
　　無調整豆乳 —— 100ml
ドライトマト —— 30g（せん切りに）
レンズ豆（乾燥）—— 1/4カップ
くるみ —— 30g（粗く刻む）
オートミール —— 適量

\ Memo /

ドライトマトはメーカーによって
塩分量がかなり違うので、あら
かじめ味見をして、Aで混ぜる
塩の分量を調整してください。

## 下準備

・オーブンを180℃に予熱する。
・型にオーブンペーパーを敷く（P.44）。
・薄力粉と全粒薄力粉をふるう。

## 作り方

1 小鍋にレンズ豆とたっぷりの水を入
れ、沸騰したら弱めの中火で約15
分やわらかくなるまで煮る。

2 ボウルAを入れ、泡立て器でよく混
ぜ合わせる。

3 別のボウルにBを入れ、乳化するま
で泡立て器でよく混ぜ合わせる。

4 2のボウルに3を入れ、ゴムべらで
さっくりと、生地をきるように混ぜ合
わせる。ドライトマト、くるみ、1の
レンズ豆を加えてサッと混ぜ合わせ
る。

5 型に4を流し入れてオートミールを散
らし、180℃に予熱しておいたオーブ
ンで30〜40分焼く。

竹串をさして生地がついてこなかったらOK。まだ生っぽい場合は、
様子をみながら、さらに数分焼く。焼きあがったら、オーブンペーパー
ごと型から取り出し、ケーキクーラーの上で粗熱をとる。

レンズ豆の食べごたえと、ドライトマトの塩けと酸味、そしてくるみの食感とコクをほどよくミックスしたレシピ。インパクトのある味です。

39

# 酒粕としょうがの
# ケーク・サレ

## 材料　15×6cmのパウンド型2台分

**A** 薄力粉 ── 100g
　　全粒薄力粉 ── 100g
　　アーモンドプードル ── 60g
　　ベーキングパウダー ── 小さじ2
　　塩 ── 小さじ2/3

**B** メープルシロップ ── 大さじ4
　　オリーブオイル ── 大さじ4
　　白練りごま ── 大さじ2
　　無調整豆乳 ── 100ml
　　しょうがのしぼり汁 ── 大さじ2

**C** 白ごま ── 大さじ1
　　黒ごま ── 大さじ1
　　しょうがのせん切り ── 20g
　　玄米酒粕 ── 大さじ4
　　※好みの酒粕でも代替可。

玄米酒粕（トッピング用）── 適量
※好みの酒粕でも代替可。

## 下準備

・オーブンを180℃に予熱する。
・型にオーブンペーパーを敷く（P.44）。
・薄力粉と全粒薄力粉をふるう。

## 作り方

**1** ボウルに**A**を入れ、泡立て器でよく混ぜ合わせる。

**2** 別のボウルに**B**を入れ、乳化するまで泡立て器でよく混ぜ合わせる。

**3** **1**のボウルに**2**を入れ、ゴムべらでさっくりと、生地をきるように混ぜ合わせる。**C**を加えて混ぜ合わせる。

**4** 型に**3**を流し入れ、トッピング用の玄米酒粕を表面全体にのせる。180℃に予熱しておいたオーブンで40分程度焼く。

竹串をさして生地がついてこなかったらOK。まだ生っぽい場合は、様子をみながら、さらに数分焼く。焼きあがったら、オーブンペーパーごと型から取り出し、ケーキクーラーの上で粗熱をとる。

こんなアレンジも！

見た目にメリハリをつけるために、白と黒、2種類のごまを使っていますが、なければ1種類でも作れます。

酒粕を焼くことで生まれる
チーズのような風味とスッキリしたしょうがの香り、
そして香ばしいごまの組み合わせは、
なぜか甘じょっぱくて、くせになります。

# じゃがいもとケッパーの
# ケーク・サレ

## 材料 15×6cmのパウンド型2台分

**A** 薄力粉 ── 100g
　　全粒薄力粉 ── 100g
　　アーモンドプードル ── 60g
　　ベーキングパウダー ── 小さじ2
　　塩 ── 小さじ2/3
**B** メープルシロップ ── 大さじ4
　　オリーブオイル ── 大さじ4
　　無調整豆乳 ── 100mℓ
じゃがいも ── 中2個（約200g）
塩漬けケッパー ── 35g（塩を水で洗い流した状態で）
アーモンドプードル ── 適量

## 下準備

・オーブンを180℃に予熱する。
・型にオーブンペーパーを敷く（P.44）。
・薄力粉と全粒薄力粉をふるう。

## 作り方

**1** じゃがいもは、竹串がスッと通るまで蒸すかゆでるかして2cm角に切る（皮はむかない）。ケッパーは粗く刻む。

**2** ボウルに**A**を入れ、泡立て器でよく混ぜ合わせる。

**3** 別のボウルに**B**を入れ、乳化するまで泡立て器でよく混ぜ合わせる。

**4** 2のボウルに3を入れ、ゴムべらでさっくりと、生地をきるように混ぜ合わせる。1のじゃがいもとケッパーを加えて混ぜ合わせる。

**5** 型に4を流し入れ、アーモンドプードルを表面全体に散らす。180℃に予熱しておいたオーブンで40分焼く。

> 竹串をさして生地がついてこなかったらOK。まだ生っぽい場合は、様子をみながら、さらに数分焼く。焼きあがったら、オーブンペーパーごと型から取り出し、ケーキクーラーの上で粗熱をとる。

### こんなアレンジも！

くるみを少し入れてもおいしいです。

ブランチやパーティのメニューとしても活躍する、
ボリュームあるケーク・サレ。
じゃがいもの甘みと
ケッパーのしょっぱさがあいまって、
新鮮なおいしさ。
白ワインにもよく合います。

# オーブンペーパーの折り方と敷き方

**1**

オーブンペーパーをパウンド型より1cmずつ長いサイズに合わせて切る。

**2**

型の底の角に手でしるしをつけるようにし、折り目をつける。

**3**

型の底の角の部分まではさみで切る。

**4**

折り目に沿って折る。

**5**
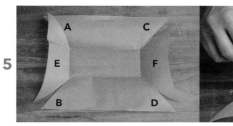
AとB、CとDを内側で重ねたら、外側のE、Fも折って重ねる。

**6**

型にオーブンペーパーを入れる。

完成！

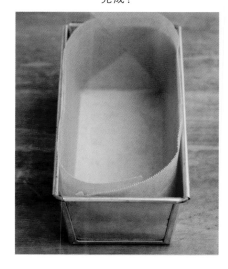

# Chapter3

# タルト

バターや生クリームがいらない
まったく新しいスタイルのタルトです。

フルーツとクリームたっぷりのフレッシュタルトから、
クレームダマンドやナッツをぎっしり焼き込んだベイクドタルトまで
バラエティも豊か。

タルト台にはバターではなく、植物性オイルを使い、
粉は薄力粉と全粒薄力粉を半量ずつブレンドして
サクサクの食感を出しています。
クレームダマンドは、
アーモンドプードルをベースにしてリッチに！
クリームは、バニラの香りをきかせた豆腐クリームを使っています。

本書のタルト台のベースとなる、プレーンなタルト台です。
薄力粉と全粒薄力粉を半量ずつブレンドすることで、さくさくの食感にしました。好みで粉の割合を変えることも。薄力粉が多いとサクサクのかろやかな食感に、全粒薄力粉が多いとどっしりとした食感になります。

## 材料　18cmのタルト型 1台分

**A** 薄力粉 ── 70g
　　全粒薄力粉 ── 70g
　　てんさい糖 ── 20g
　　塩 ── 少々
**B** 植物性オイル ── 50mℓ
　　無調整豆乳 ── 大さじ2

## 下準備

オーブンを180℃に予熱する。

### ▶ 生地をひとまとめにする

**1** ボウルに**A**を入れてゴムべらで混ぜる。

**2** 別のボウルに**B**を入れて泡立て器で乳化するまで混ぜる。

**3** **1**のボウルに**2**を入れ、ゴムべらできるようにざっくり混ぜる。

**4** 手でひとまとめにする。このとき、水分を含んだかたまりになった生地に粉をくっつけていくようにまとめていくとよい。

**+** 水分が足りなくなったら豆乳（分量外）をごく少量ずつ加える。

### ▶ のばして型に敷き込む

**+** さらに、生地に粉をくっつけていくようにまとめたら、最後にボウルについた粉を生地でふきとる。

**5** 生地を1.5cm程度の厚さの円形に整える。

**6** **5**の生地を麺棒でおさえるようにして楕円形に広げる。次に約30度（時計で5分くらいの角度）ずつ回していきながら、同じように麺棒でおさえて楕円にする。これを約半周分繰り返すと円形になる。

**7** ひき続き30度ずつ回しながら麺棒で円形にのばしていく。

**8** 生地の上に型をのせて、ひとまわり大きくのばせたことを確認する。

**9** 麺棒に生地をかけて型にのせる。

**10** 型の底と側面の境目に、指先を使って生地をはりつける。

**11** 側面にも指先を使って生地を沿わせていく。

**12** 型の上で麺棒を転がし、余分な生地を取り除く。

▶ 空焼きする

**13** 指先で切り口をおさえてきれいに整える。切り落とした生地は、クッキーとしていっしょに焼いてもよい。

**14** フォークで生地の底に穴をあける。重石はなくても大丈夫。

**15** 天板に**14**をのせて180℃に予熱しておいたオーブンで20〜25分焼く。途中でふくらんできたら竹串で数カ所さして空気を抜き、スプーンでかるく押さえる。

完成！　左）プレーンなタルト台。中）プレーンなタルト生地にシナモンパウダーをブレンドしたシナモン風味のタルト台（P.54）。右）プレーンなタルト生地にココアをブレンドしたココア風味のタルト台（P.52、56、64）。

プレーン

シナモン風味

ココア風味

# クレームダマンド

本書のタルトに使うクレームダマンドの材料と作り方です。味にくせのないかろやかな風味の植物性オイルを使うことで、洗練された味わいに仕上げました。どんな食材にもよく合います。

**材料** 18cmのタルト型 1台分

A | アーモンドプードル —— 80g
　| 全粒薄力粉 —— 15g
　| てんさい糖 —— 10g
　| ベーキングパウダー —— 小さじ1/3
　| 塩 —— ひとつまみ
B | 植物性オイル —— 大さじ1と1/2
　| 無調整豆乳 —— 大さじ1と1/2
　| メープルシロップ —— 大さじ1

**1** ボウルにAを入れてゴムべらで混ぜる。

**2** 別のボウルにBを入れて泡立て器で乳化するまで混ぜる。

**3** 1のボウルに2を加えて縦に切るようにゴムべらを入れ、生地を下から上に返すようにして混ぜる。

# 豆腐クリーム

ポイントは豆腐の水きりをしっかりすること。
そうすることで豆腐くささもやわらぎ、
濃厚なクリームに仕上がります。
冷蔵庫で約4～5日間保存できます。

**材料** 作りやすい分量

木綿豆腐 ── 150g（熱湯で5分ゆでておく）
メープルシロップ ── 大さじ2（好みで加減する）
塩 ── 少々
バニラビーンズ ── 1～2cm（切り目を入れて中をかき出す。さやも使う）
無調整豆乳 ── 適量

**1** バットにざるを重ね、その上に、ゆでて水けをとった豆腐をのせてペーパータオルで上からくるむ。

**2** 重石をして約30分そのままおいて水きりする（水分が2割程度きれればOK）。

**3** 2とメープルシロップと塩、さやからかき出したバニラビーンズをハンドブレンダーでつやが出るまでなめらかにする。かたかったら味をみながらメープルシロップ（分量外）や豆乳（適量）を加えて調整する。

完成！
保存時に容器にさやを入れておくと香りがついてさらにおいしくなる。

フレッシュ

# レモンクリームと
# ラズベリーのタルト

## 材料　18cmのタルト型 1台分

### [ココア風味のタルト台]

**A** 薄力粉 ── 70g
全粒薄力粉 ── 70g
ココアパウダー ── 15g
てんさい糖 ── 30g
塩 ── 少々

**B** 植物性オイル ── 70㎖
無調整豆乳 ── 大さじ2

### [ラズベリージャム]

**C** ラズベリー ── 40g
アガベシロップ ── 大さじ1と1/2
※なければてんさい糖同量でもよい。ただし風味は変わる。
水 ── 大さじ1と1/2
粉寒天 ── 小さじ1/3

### [レモンクリーム]

**D** 玄米甘酒 ── 大さじ6
※好みの甘酒でも代替可。
レモン果汁 ── 大さじ4と1/2
メープルシロップ ── 大さじ2
アガベシロップ ── 大さじ2
りんごジュース（ストレート） ── 大さじ2
葛粉 ── 小さじ1
粉寒天 ── 小さじ1
レモンの皮のすりおろし ── 1個分
**豆腐クリーム**（P.51） ── 半量
ラズベリー ── 約15粒
レモンの皮のすりおろし ── 適量

## 下準備

・オーブンを180℃に予熱する。

## 作り方

1 ココア風味のタルト台を作る。タルト台をP.48〜49と同様に作る。タルト型ははずさないでおく。

2 ラズベリージャムを作る。小鍋に**C**を入れて泡立て器で混ぜる。火にかけ、沸騰したら弱火で1〜2分混ぜながら加熱する。粗熱をとったら**1**のタルト台にのせ、ゴムべらで広げる（**a**）。

3 レモンクリームを作る。小鍋に**D**を入れて火にかけ、沸騰したら弱火で1〜2分加熱する（**b**）。粗熱がとれたらミキサーにかける。とろっとかたまりだしたら**2**に流し入れ（**c**）、パレットナイフやゴムべらで表面をなめらかにならす。冷蔵庫で冷やす。

4 型からはずし、タルト台の縁に豆腐クリームをスプーンの先で落として飾る（**d**）。内側にラズベリーを飾り、レモンの皮を散らす。

### アガベシロップ

メキシコを中心に分布するリュウゼツラン科の植物アガベから採取するシロップ。 GI値が低いため、血糖値の上昇がおだやかで体への負担がやさしい天然甘味料です。

a

b

c

d

レモンパイのようなふるふるした食感と甘酸っぱさを持つレモンクリームと、
ラズベリージャムを組み合わせ、おしゃれで華やかな味にしました。
ココア風味のビターなタルト生地を合わせることで、より大人っぽい味わいに。

# プラリネバナナタルト

---

## 材料　18㎝のタルト型1台分

**シナモン風味のタルト台**（P.48〜49の**1**〜**14**参照）
　── 1台
※タルト台の材料Aにシナモンパウダー小さじ1を加えて作る。
※タルト型は、はずさないでおく。

[クレームダマンド]

A ｜アーモンドプードル ── 50g
　｜全粒薄力粉 ── 15g
　｜てんさい糖 ── 5g
　｜ベーキングパウダー ── 小さじ1/3
　｜塩 ── ひとつまみ
B ｜植物性オイル ── 大さじ1
　｜無調整豆乳 ── 大さじ1
　｜メープルシロップ ── 大さじ1

[豆腐クリーム]

木綿豆腐 ── 225g（熱湯で5分ゆでて水きりする）
メープルシロップ ── 大さじ3〜4（好みで加減する）
塩 ── 少々
バニラビーンズ ── 2〜3㎝
　（切り目を入れて中をかき出す）
無調整豆乳 ── 適量

C ｜アーモンドバター ── 大さじ1
　｜メープルシロップ ── 小さじ1
バナナ ── 約2本

[プラリネクリーム]

D ｜アーモンドバター ── 大さじ1
　｜メープルシロップ ── 小さじ1
　｜無調整豆乳 ── 適量

シナモンパウダー ── 好みで少々

## 下準備

・オーブンを180℃に予熱する。

## 作り方

1　クレームダマンドを作る。ボウルに**A**を入れてゴムべらで混ぜる。別のボウルに**B**を入れて泡立て器で乳化するまで混ぜ、**A**に加えて生地を下から上に返すようにして混ぜ合わせる。

2　タルト台に入れてゴムべらで表面をなめらかにし、180℃に予熱しておいたオーブンで20〜25分焼き、粗熱をとる。

3　豆腐クリームを作る。豆腐クリームをP.51と同様に作る。

4　**3**の2/3量と混ぜ合わせた**C**を混ぜる。そこに約1㎝厚さの輪切りにしたバナナを加え混ぜる。

5　**2**に**4**をのせ、残りの豆腐クリームをさらに重ねて全体にのせる。

6　プラリネクリームを作る。**D**を泡立て器でよく混ぜ合わせてスプーンの先で全体にかけ、シナモンパウダーをふる。

**アーモンドバター**
アーモンドをローストしてペースト状にしたもの。「アーモンドクリーム（無糖）」という名前でも売られている。

かわいい味わいになりがちなバナナタルトを、アーモンドバターで大人っぽいテイストに仕上げました。アーモンド風味のふわふわとろとろの豆腐クリームは、いくらでも食べられるおいしさ。

# モンブラン

## 材料　18cmのタルト型 1台分

[ココア風味のタルト台]

A | 薄力粉 —— 70g
全粒薄力粉 —— 70g
ココアパウダー —— 15g
てんさい糖 —— 30g
塩 —— 少々
B | 植物性オイル —— 70㎖
無調整豆乳 —— 大さじ2

**豆腐クリーム** (P.51) —— 全量
栗 A —— 100g（正味）
ラム酒 —— 小さじ1

[ベリージャム]

C | ラズベリー（冷凍でもよい）—— 20g
ブルーベリー（冷凍でもよい）—— 10g
てんさい糖 —— 小さじ2
レモン果汁 —— 小さじ1

[栗クリーム]

D | 栗 —— 200g（正味）
無調整豆乳 —— 90〜100㎖
メープルシロップ —— 大さじ1と1/2弱
アガベシロップ —— 大さじ1と1/2弱

栗 B —— 適量
ココアパウダー —— 少々

## 下準備

・栗は水から約40分、やわらかくなるまでゆでて、
鬼皮、渋皮ともにむいておく。
・オーブンを180℃に予熱する。

## 作り方

1 ココア風味のタルト台を作る。タルト台をP.48
〜49と同様に作る。タルト型ははずさないで
おく。

2 ベリージャムを作る。小鍋にCを入れて沸騰し
たら弱火でトロッとするまで煮詰める。冷まし
たら、1の底面全体に塗る。

3 栗Aにラム酒をふり、豆腐クリームと合わせ
て2にのせ、パレットナイフやゴムべらで表面
をなめらかにならす。型からはずす。

4 栗クリームを作る。Dをハンドブレンダーでなめ
らかになるまで攪拌する。モンブランの口
金をつけた絞り袋に入れ、3の上に絞り出す
（a）。

5 栗Bを2〜3等分に割って飾り、ココアパウ
ダーをふる。

a

\ Memo /

アガベシロップがなければ、
てんさい糖同量でもよい。
ただし風味はかわります。

ココア味のビターなタルト生地と、まろやかな栗のテイストがよく合います。

栗は大きくごろごろしたまま、または小さく切ったり、さらにはクリーム状にしたりと、

いろいろな食感や味わいを楽しめるようにしました。

フレッシュ

# ブルーベリーと
# ピスタチオクリームのタルト

**材料** 18㎝のタルト型1台分

**タルト台**（P.48〜49の**1**〜**14**参照）── 1台
※タルト型は、はずさないでおく。

**クレームダマンド**（P.50）── 全量
ブルーベリー（生）── 60g

[ピスタチオクリーム]

**A** 木綿豆腐 ── 150g
　（熱湯で5分ゆでて水きりする）
　メープルシロップ ── 大さじ3
　ピスタチオ（殻をむいたもの）── 25g
　塩 ── ひとつまみ

ブルーベリー（生・飾り用）── 50〜60粒
ピスタチオ ── 適量

**下準備**

・オーブンを180℃に予熱する。

**作り方**

**1** クレームダマンドにブルーベリーを入れてよく混ぜ合わせる。

**2** タルト台に**1**を入れて、ゴムべらで表面をなめらかにならし、180℃に予熱しておいたオーブンで20〜25分焼き、粗熱をとる。

**3** ピスタチオクリームを作る。**A**をハンドブレンダーでクリーム状にする（**a**）。

**4** **2**を型からはずし、上に**3**をのせてゴムべらなどできれいにならす。飾り用のブルーベリーをのせ、ピスタチオを刻んで縁に散らす。

a

ピスタチオを贅沢に使った濃厚なクリームに、
フレッシュなブルーベリーをふんだんにトッピングした、とてもリッチなタルト。
クレームダマンドにもブルーベリーを混ぜ込みました。

59

# 洋なしとキャラメルナッツの 包み焼きタルト

## 材料　18cmのタルト型 1台分

[タルト生地]

A | 薄力粉 —— 75g
　| 全粒薄力粉 —— 25g
　| てんさい糖 —— 10g
　| 塩 —— ひとつまみ

植物性オイル —— 40ml
無調整豆乳 —— 大さじ2

[キャラメルナッツ]

B | アーモンドスライス —— 10g
　| アーモンド —— 10g（粗く刻む）
　| くるみ —— 10g（粗く刻む）
　| 米水飴 —— 大さじ1
　| ※メープルシロップでも代替可。
　| メープルシロップ —— 小さじ1

洋なし —— 約1個（150g。皮と芯を取った正味）
レーズン —— 20g

## 下準備

・オーブンを180℃に予熱する。

## 作り方

1　洋なしは皮をむいて芯を除く。2cm厚さのくし形切りにし、さらに半分に切る。

2　タルト生地を作る。ボウルにAを入れゴムべらで混ぜたら、植物性オイルを回し入れ、手ですり合わせるようにしてサラサラな状態にする。豆乳を加え、こねないようにひとまとめにする（まとめ方詳細はP.48の1〜5参照）。

3　オーブンペーパーを敷き、2をのせ、麺棒で23cmの円形にのばす（のばし方詳細はP.48〜49の6〜7参照）。

4　中央の12〜13cmくらいの直径内にレーズンを散らし（a）、その上に1の洋なしをのせる（b）。まわりの生地を内側にたぐり寄せるようにして包む（c）。

5　4の中心に混ぜ合わせたBをのせ（d）、180℃に予熱しておいたオーブンで30〜35分焼く。

a

b
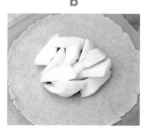

c
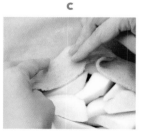

d

型なしで作れるかんたんタルト。
洋なしはコンポートにせずレーズンで甘みをプラスしました。
コリコリとして香ばしいナッツが、
洋なしのみずみずしさをより引き立てます。

# バナナと杏の<br>ピスタチオクランブルタルト

## 材料　18cmのタルト型1台分

**タルト台**（P.48〜49の**1**〜**14**参照）── 1台

※タルト型は、はずさないでおく。

[クレームピスタチオダマンド]

**A** アーモンドプードル ── 100g

　　全粒薄力粉 ── 30g

　　てんさい糖 ── 15g

　　ベーキングパウダー ── 小さじ2/3

　　塩 ── ひとつまみ

**B** 植物性オイル ── 大さじ2

　　無調整豆乳 ── 大さじ2

　　メープルシロップ ── 大さじ2

　　ピスタチオ（殻をむいたもの）── 35g

バナナ ── 1〜1と1/2本

杏（ドライ）── 25g

[クランブル]

**C** 薄力粉 ── 20g

　　全粒薄力粉 ── 20g

　　アーモンドプードル ── 20g

　　てんさい糖 ── 20g

　　植物性オイル ── 大さじ2前後

ピスタチオ ── 適量（粗く刻む）

## 下準備

・オーブンを180℃に予熱する。

・杏を湯でもどしてやわらかくしておく。

## 作り方

**1** クレームダマンドを作る。ボウルに**A**を入れてゴム
べらで混ぜる。別のボウルに**B**を入れてハンドブレ
ンダーで攪拌し、**A**に加えてよく混ぜ合わせる。

**2** タルト台を作る。タルト台に**1**を入れてゴムべらで
表面をなめらかにならし、1cm厚さに切ったバナナ
と杏を均等にのせる。

**3** クランブルを作る。ボウルに**C**を入れて指先でつま
むようにしてすり合わせて（**a**）そぼろ状にし（**b**）、
**2**に均等にのせる。

**4** 180℃に予熱しておいたオーブンで25〜30分焼き、
ピスタチオを散らす。

a

b

クランブルをのせた、食感が楽しいベイクドタルトです。

個性的なクレームピスタチオダマンドに、甘く芳醇な香りのするバナナと

酸味の強い杏をミックスして、おしゃれな味に。

ベイクド

# キウイフルーツと
# キャロブのタルト

## 材料　18cmのタルト型 1台分

[ココア風味のタルト台]

A｜薄力粉 —— 70g
　｜全粒薄力粉 —— 70g
　｜ココアパウダー —— 15g
　｜てんさい糖 —— 30g
　｜塩 —— 少々

B｜植物性オイル —— 70ml
　｜無調整豆乳 —— 大さじ2

[クレームダマンド]

C｜アーモンドプードル —— 100g
　｜全粒薄力粉 —— 30g
　｜てんさい糖 —— 10g
　｜ベーキングパウダー —— 小さじ2/3
　｜塩 —— ひとつまみ

D｜植物性オイル —— 大さじ2
　｜無調整豆乳 —— 大さじ2
　｜メープルシロップ —— 大さじ2

キャロブチップス —— 30g
※チョコチップでも代替可。

ココアパウダー —— 大さじ1

キウイフルーツ —— 2個
　（皮をむき3mm厚さの薄切りに）

## 下準備

・オーブンを180℃に予熱する。

## 作り方

1　ココア風味のタルト台を作る。タルト台をP.48〜49の1〜14と同様に作る。タルト型は、はずさないでおく。

2　クレームダマンドとココアダマンドを作る。ボウルにCを入れてゴムべらで混ぜる。

3　別のボウルにDを入れて泡立て器で乳化するまで混ぜる。2にキャロブチップスとともに加えてよく混ぜ合わせる。半分に分け、片方にココアパウダーを混ぜる。

4　1のタルト台にクレームダマンドとココアダマンドを適当にのせて、ゴムべらで表面をなめらかにならす。

5　キウイフルーツを少しずつ重ねて並べ、メープルシロップ適量（分量外）をキウイフルーツにかける。180℃に予熱しておいたオーブンで30分焼く。

### キャロブチップス

いなご豆の粉に、油脂を加えて焼いたもので、マクロビオティックでチョコレートの代用として使われることが多い。キャロブはカカオに比べて脂質が少なく、カルシウムや食物繊維を豊富に含んでいる。

クレームダマンドにキャロブチップスとココアパウダーをミックスし、
タルト台もココア生地にした、チョコレート風味の1品。
キウイフルーツとの相性が抜群です。

65

# Chapter4

# キッシュ

バターやチーズ、卵がいらない
体への負担が少ないキッシュです。

キッシュ台にはバターではなく、オリーブオイルを使って
粉は全粒薄力粉と強力粉をブレンド。
サックリした食感を出しています。
アパレイユは、豆腐と無調整豆乳、白みそで作る
コクのある豆腐アパレイユを使っています。
どれも野菜やハーブ、ナッツ類がたっぷり入った、
毎日でも食べたい、栄養のあるキッシュです。

おもてなしや持ち寄りの一品としてもご活用ください。

# キッシュ台

全粒薄力粉と強力粉を1:1でブレンドしました。
オイルは好みのオイルを使ってください。
ざっくりとした歯ごたえのあるキッシュ台です。

## 材料　18㎝のタルト型 1台分

**A** 全粒薄力粉 ── 70g
　　強力粉 ── 70g
　　塩 ── 小さじ1/3
**B** オリーブオイル ── 50㎖
　　無調整豆乳 ── 大さじ2

## 下準備

オーブンを180℃に予熱する。

## ▶生地をひとまとめにする

**1** ボウルに**A**を入れてゴムべらで混ぜる。

**2** 別のボウルに**B**を入れて泡立て器で乳化するまで混ぜる。

**3** **1**のボウルに**2**を入れ、ゴムべらできるようにざっくり混ぜる。

**4** 手でひとまとめにする。このとき、水分を含んだかたまりになった生地に粉をくっつけていくようにまとめていくとよい。

**+** 水分が足りなくなったら豆乳（分量外）をごく少量ずつ加える。さらに、生地に粉をくっつけていくようにまとめたら、最後にボウルについた粉を生地でふきとる。

## ▶のばして型に敷き込む

**5** 生地を1.5㎝程度の厚さの円形に整える。

**6** **5**の生地を麺棒でおさえるようにして楕円形に広げる。次に約30度（時計で5分くらいの角度）ずつ回していきながら、同じように麺棒でおさえて楕円にする。これを約半周分繰り返すと円形になる。

**7** ひき続き30度ずつ回しながら麺棒で円形にのばしていく。

**8** 生地の上に型をのせて、ひとまわり大きくのばせたことを確認する。

**9** 麺棒を生地にかけて型にのせる。

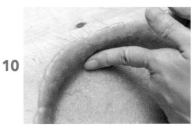

**10** 型の底と側面の境目に、指先を使って生地をはりつける。

**11** 側面にも指先を使って生地を沿わせていく。

**12** 型の上で麺棒を転がし、余分な生地を取り除く。

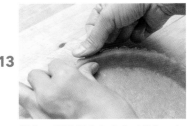

**13** 指先で切り口をおさえてきれいに整える。切り落とした生地は、クッキーとしていっしょに焼いてもよい。

## ▶空焼きする

**14** フォークで生地の底に穴をあける。重石はなくても大丈夫。

**15** 網や天板に**14**をのせて180℃に予熱しておいたオーブンで20〜25分焼く。途中でふくらんできたら竹串で数カ所さして空気を抜き、スプーンでかるく押さえる。

# じゃがいもと赤玉ねぎの ハーブキッシュ

## 材料　18cmのタルト型 1台分

キッシュ台（P.68〜69の**1**〜**15**参照）
　─── 1台
※タルト型は、はずさないでおく。

[ハーブの豆腐アパレイユ]
豆腐アパレイユ（下記参照）─── 全量
タイム ─── 小さじ1/2
オレガノ ─── 約10枚
※ハーブは生がなければドライでも可。

赤玉ねぎ A ─── 150g
じゃがいも ─── 150g
塩 ─── 少々
赤玉ねぎ B ─── 5mm厚さの輪切り5枚
オリーブオイル ─── 適量
（あれば）タイム（生）─── 2本

## 下準備

・オーブンを180℃に予熱する。

## 作り方

**1** ハーブの豆腐アパレイユを作る。豆腐アパレイユ（下記参照）の材料**A**にタイムとオレガノを加える。

**2** 赤玉ねぎ A は1cm厚さのくし形切りに、じゃがいもは皮をむいて5mm厚さの半月切りにする。

**3** フライパンにオリーブオイルをひいて熱し、**2**の赤玉ねぎを炒める。油がなじんだら**2**のじゃがいもを加えて、火が通るまで炒め、塩をふる。

**4** ボウルに**1**のハーブの豆腐アパレイユと**3**を入れてゴムべらで混ぜ合わせる。

**5** キッシュ台に**4**を入れてならし、赤玉ねぎ B を上にのせ、あればタイムものせてオリーブオイルをかける。180℃に予熱しておいたオーブンで30分焼き、粗熱がとれたら型からはずす。

---

# 豆腐アパレイユ

## 材料　作りやすい分量

無調整豆乳 ─── 100mℓ
葛粉 ─── 大さじ1/2
水 ─── 大さじ1
木綿豆腐 ─── 150g
A｜白みそ ─── 小さじ2
　｜塩 ─── 小さじ1/2

## 作り方

**1** 豆腐の水きりをする。バットにざるを重ね、その上にゆでて水けをとった豆腐をのせてペーパータオルでくるむ（**a**）。

**2** **1**の豆腐をペーパータオルで上からくるみ、重石をして約30分そのままおいて水きりする（**b**）。

**3** 小鍋に豆乳を入れ、葛粉を水で溶いてから加える（**c**）。

**4** **3**を弱火にかけ、木べらで混ぜながら、とろみが出てくるまで2〜3分加熱する。粗熱をとる。

**5** **4**と**2**の豆腐と**A**をハンドブレンダーで撹拌し（**d**）、なめらかにする。

a

b

c

d

しっかり炒めて甘みを出した玉ねぎと、ほっくりした食感のじゃがいもを楽しむ1品。赤玉ねぎを活かしたユニークな見た目も魅力です。ハーブがなければ、シンプルな豆腐アパレイユでも。

# れんこんと
# オリーブのキッシュ

**材料**　18cmのタルト型 1台分

**キッシュ台**（P.68〜69の**1**〜**15**参照）── 1台
※タルト型は、はずさないでおく。
**豆腐アパレイユ**（P.70）── 全量
**れんこん** Ａ ── 150g
**セロリ** ── 100g
**黒オリーブ（種を取る）** ── 30g
**オリーブオイル** ── 適量
**塩** ── 少々
**れんこん** Ｂ ── 70g
**イタリアンパセリ** ── 適量


**下準備**

・オーブンを180℃に予熱する。


**作り方**

**1** れんこん Ａ は5mm厚さの輪切りに、セロリは3
cm長さの斜め薄切りにする。黒オリーブは5mm角
程度に切る。

**2** フライパンにオリーブオイルをひいて熱し、**1**のセ
ロリを炒める。油がなじんだられんこん Ａ を加
え、火が通るまで炒める。黒オリーブを入れて
混ぜ、かるく塩をふる。

**3** ボウルに豆腐アパレイユと**2**を入れて混ぜ合わせ、
キッシュ台に入れる。れんこん Ｂ を2mm厚さの
薄切りにして上にのせ、オリーブオイルを回しか
ける。180℃に予熱したオーブンで30分焼き、
粗熱がとれたら型からはずす。イタリアンパセリ
を刻んで散らす。

アパレイユに混ぜ込むれんこんと、トッピングするれんこんの厚さを変えることで、食感にリズムが生まれておいしくなります。

表面のカリカリに焼きあがったところと、アパレイユに混ぜてほっくり仕上がったところ。れんこんの異なるおいしさが楽しめるキッシュです。黒オリーブの酸味が隠し味。

73

# キャベツとブロッコリー、アボカドグリーンキッシュ

## 材料 18cmのタルト型 1台分

**キッシュ台**（P.68～69の **1**～**15** 参照）── 1台
※タルト型は、はずさないでおく。

**豆腐アパレイユ**（P.70）── 全量
キャベツ ── 100g（3cm角に切る）
ブロッコリー ── 80g（小房に切り分ける）
アボカド ── 1/3個（皮をむいて1cm角に切る）
黄色トマト ── 3個（1個を3～4枚の輪切りに）
※なければほかの色のトマトでもOK。

バジルの葉 ── 10枚（適当にちぎる）
オリーブオイル ── 適量
塩 ── 少々

## 下準備

・オーブンを180℃に予熱する。

## 作り方

1 フライパンにオリーブオイルをひいて熱し、キャベツとブロッコリーを入れて、さっと炒め、かるく塩をふる。

2 豆腐アパレイユに **1** の野菜とアボカド、バジルの葉を入れて混ぜ、キッシュ台に流し入れる。上にトマトを並べる。

3 180℃に予熱しておいたオーブンで30分焼き、粗熱がとれたら型からはずす。


# きのことトマトのキッシュ

## 材料 18cmのタルト型 1台分

**キッシュ台**（P.68～69の **1**～**15** 参照）── 1台
※タルト型は、はずさないでおく。

**豆腐アパレイユ**（P.70）── 全量
好みのきのこ（しめじ、舞茸、
　　マッシュルームなど）── 合わせて250g
玉ねぎ ── 100g（5mm厚さの薄切りに）
ドライトマト ── 20g（せん切りに）
プチトマト ── 10個（へたを取って半分に切る）
※あればいろいろな色で。

オリーブオイル ── 適量
塩 ── 少々
イタリアンパセリ ── 適量

## 下準備

・オーブンを180℃に予熱する。

## 作り方

1 きのこは石づきを除き、食べやすい大きさに切る。

2 フライパンにオリーブオイルを薄くひいて熱し、玉ねぎときのこをさっと炒め、ドライトマトを加えて炒める。

3 豆腐アパレイユに **2** を入れて混ぜ、キッシュ台に流し入れ、切り口を上にしてプチトマトをのせる。全体にオリーブオイルをかけ、塩をふり180℃に予熱しておいたオーブンで30分焼く。粗熱がとれたら型からはずし、イタリアンパセリを散らす。

青い香りのするキャベツとブロッコリーに、森のバターと言われる濃厚なアボカド、焼いて甘みが強まったトマトを合わせました。バラエティ豊かな野菜の味を楽しめます。

カラフルなトマトでキュートに仕立てました。きのこは、なるべく複数の種類を合わせると、うまみや食感にリズムが生まれてよりおいしくなります。

# 小松菜とマッシュルームの
# キッシュ

### 材料　18cmのタルト型1台分

**キッシュ台**（P.68〜69の**1**〜**15**参照）── 1台
※タルト型は、はずさないでおく。

[マスタード豆腐アパレイユ]
**豆腐アパレイユ**（P.70）── 全量
※豆腐アパレイユの材料**A**に粒マスタード大さじ1を加えて作る。

小松菜 ── 200g
マッシュルーム ── 150g
塩 ── 少々
オリーブオイル ── 適量

### 下準備

・オーブンを180℃に予熱する。

### 作り方

1　小松菜は3cm長さに切り、フライパンにオリーブオイルを薄くひいて熱し、さっと炒めて、塩をふる。水けが出ていたら、かるくふき取ってから取り出す。

2　マッシュルームは3mm厚さの薄切りにし、フライパンにオリーブオイルをひいて熱し、さっと炒める。

3　キッシュ台に**1**の小松菜の半量をのせ、マスタード豆腐アパレイユ半量を小松菜が隠れるくらいにかける。

4　**3**の上に**2**のマッシュルームをのせ、さらに残りの小松菜を重ね、残りの豆腐アパレイユをかける。180℃に予熱しておいたオーブンで30分焼き、粗熱がとれたら型からはずす。

たっぷりの小松菜とマッシュルームに、よく合います。

粒マスタードの酸味が隠し味です。

クリーミーな豆腐アパレイユにきかせた

77

# にんじんとビーツの
# セサミキッシュ

## 材料　18cmのタルト型 1台分

**キッシュ台**（P.68〜69の**1**〜**15**参照）—— 1台
※タルト型は、はずさないでおく。

**［白ごまアパレイユ］**

木綿豆腐 —— 225g
　（しっかり水きりする。ただしゆでない）
※豆腐の水きり方法詳細はP.51の**1**〜**2**を参照。

A｜白煎りごま —— 大さじ2
　｜白みそ —— 小さじ2
　｜塩 —— 小さじ1/3
　｜オリーブオイル —— 大さじ2

にんじん —— 60g
ビーツ A —— 60g
くるみ —— 20g
ディル（生）のみじん切り —— 小さじ1
ビーツ B —— 30g（皮をむいて1cm角に切る）
白煎りごま —— 適量
ディル（生・飾り用）—— 適量

## 下準備

・オーブンを180℃に予熱する。

## 作り方

**1** にんじんとビーツ A はせん切りにして熱湯で約1分さっとゆでる。

**2** 白ごまアパレイユを作る。すり鉢に水きりした木綿豆腐と A を入れて、なめらかになるまですり混ぜ、**1**のにんじんとビーツ、くるみ、ディルを加えてゴムべらで混ぜ合わせる。

**3** **2**をキッシュ台に入れ、1cm角に切ったビーツ B をのせて白煎りごまをふり（**a**）、180℃に予熱しておいたオーブンで30分焼き、粗熱がとれたら型からはずす。飾り用のディルをちぎって散らす。

a

歯ごたえのあるにんじんと加熱して甘みを増したビーツをプラスした、華やかでキュートなキッシュです。くるみや白煎りごまから立ち上る香ばしさもまた、食欲をそそります。

## Profile

### 今井ようこ（いまい・ようこ）

東京都・深川生まれ。KII認定マクロビオティック・クッキングインストラクター。辻製菓専門学校卒業後、株式会社サザビー入社。「アフタヌーンティー・ティールーム」の商品企画・開発を担当。退社後フリーになり、「KIHACHI」のソフトクリームやパティスリーのアドバイザー兼商品開発、また他企業やカフェの商品・メニュー開発などを行う。友人の病気をきっかけにマクロビオティックに興味を持ち「organic base」で学ぶ。現在、マクロビオティックやヴィーガンの料理教室「roof」を主宰。著書に『卵・乳製品・白砂糖をつかわないやさしいヴィーガン焼き菓子』（小社）、『ふんわり、しっとり至福の米粉スイーツ』（家の光協会）、『ノンシュガー＆ノンオイルで作るアイスクリーム、シャーベット』（主婦の友社）、共著に『栗のお菓子づくり』（誠文堂新光社）など。
●ホームページ「roof」https://www.roof-kitchen.jp/

本書の内容に関するお問い合わせは、お手紙かメール（jitsuyou@kawade.co.jp）にて承ります。恐縮ですが、お電話でのお問い合わせはご遠慮くださいますようお願いいたします。

### staff

ブックデザイン
　釜内由紀江（GRiD）
　五十嵐奈央子（GRiD）
撮影
　神林環（P.9 〜 45）、
　山下コウ太（P.2〜3、6〜7、P.46〜79）
スタイリング
　諸橋昌子（P.9 〜 45）
調理アシスタント
　井上律子（P.9 〜 45）
編集
　斯波朝子（オフィスCuddle）

### 卵・乳製品がいらないパウンドケーキとタルト、キッシュ

2023年8月20日初版印刷
2023年8月30日初版発行

著者　　今井ようこ
発行者　小野寺優
発行所　株式会社河出書房新社
　　　　〒151-0051
　　　　東京都渋谷区千駄ヶ谷2-32-2
　　　　電話：03-3404-1201（営業）
　　　　　　　03-3404-8611（編集）
　　　　https://www.kawade.co.jp/
印刷・製本　凸版印刷株式会社
ISBN978-4-309-29325-7
Printed in Japan

●本書は小社刊行『バター・卵なしのやさしいパウンドケーキ Steamed & Baked』（2017年9月）の一部と『卵・バター・生クリーム・チーズをつかわないタルトとキッシュ』（2015年12月）の一部を合わせて再編集したものです。